Inhalt

Enterprise 2.0 - Viele Unternehmen haben noch Angst vor einem radikalen Wandel der Firmenkultur

Kernthesen

Beitrag

Fallbeispiele

Weiterführende Literatur

Impressum

Enterprise 2.0 - Viele Unternehmen haben noch Angst vor einem radikalen Wandel der Firmenkultur

Harald Reil

Kernthesen

- Noch haben es Enterprise-2.0-Technologien schwer, sich auf breiter Front durchzusetzen, obwohl ihre Vorteile klar auf der Hand liegen.
- Ein wesentlicher Grund ist wohl die Furcht vieler Führungskräfte vor Kontrollverlust und vor einem radikalen Bruch mit der tradierten Firmenkultur.
- Aber auch die Unkenntnis darüber, was

Enterprise 2.0 eigentlich leisten kann, steht der Einführung noch im Wege.
- Beim Change-Management stößt Enterprise 2.0 an seine Grenzen, denn nur die persönliche Ansprache kann nach Meinung vieler Führungskräfte Begeisterung für den Wandel wecken.

Beitrag

Vorteile von Enterprise 2.0 liegen klar auf der Hand

Der Einsatz von Social Media in Unternehmen ist zwar auf dem Vormarsch, durchgesetzt auf breiter Front hat er sich aber noch nicht. Vielleicht ist das aber auch zu viel erwartet. Schließlich hat der Harvard-Professor Andrew P. McAfee, der den Begriff "Enterprise 2.0" geprägt und das Konzept der Kollaboration von Firmenmitarbeitern mithilfe von Social-Media-Plattformen erstmals beschrieben hat, seinen wegweisenden Artikel zu diesem Thema erst vor rund sieben Jahren veröffentlicht. - Für die mitunter träge agierenden Führungskräfte etablierter Unternehmen ein zu kurzer Zeitraum, um grundlegende Änderungen in der

Firmenkommunikation einzuführen. - Dennoch aber wird sich Enterprise 2.0 aller Voraussicht nach zu einem unverzichtbaren Instrument der Zusammenarbeit entwickeln. Denn seine Vorteile liegen klar auf der Hand. Dazu zählt unter anderem die Etablierung einer zentralen Kommunikationsschaltstelle, die es allen Mitarbeitern erlaubt, auf demselben Informationsstand zu sein. Die Möglichkeit, sich in Entscheidungsprozesse einzubringen, stärkt das Selbstbewusstsein der Angestellten und bindet sie enger an das Unternehmen. Die verbesserte Transparenz in der Kommunikation schafft außerdem Vertrauen und kann dabei helfen, Spannungen, Ängste und Misstrauen abzubauen. Glaubt man einer Studie, für die McKinsey 4 200 leitende Angestellte befragt hat, sind von diesen Vorteilen schon jetzt viele Führungskräfte überzeugt. Sie argumentieren, dass interne Social-Media-Plattformen die Fähigkeit des Unternehmens, sich selbst zu erneuern, beträchtlich steigern könnten. Als weitere Pro-Argumente für Enterprise 2.0. nannten sie eine Verbesserung der Kommunikation sowie eine effizientere Projektarbeit. (1), (3)

Angst vor Veränderung und Autoritätsverlust

Angesichts dieser positiven Kommentare stellt sich die Frage umso dringlicher, welche Gründe es dafür geben mag, dass sich Enterprise 2.0 noch immer so schwer tut, in Unternehmen Fuß zu fassen. Die wichtigste Antwort lautet: Es ist wohl die Angst vor Veränderung, und zwar sowohl auf Seiten der Führungskräfte als auch auf Seiten des einfachen Mitarbeiters. Die Häuptlinge scheinen einen Verlust an Macht und Einfluss zu befürchten, da Enterprise-2.0-Technologien das Mitspracherecht der Indianer stärken. Diese wiederum trauen sich oft gar nicht zu, ihre Gedanken laut zu äußern und Ideen, Prozesse und Entwicklungen auch öffentlich vor dem Führungspersonal kritisch zu hinterfragen, da sie es schlichtweg nicht gewohnt sind. Oder anders formuliert: Enterprise 2.0 würde für viele etablierte Unternehmen einen so radikalen Bruch mit ihren tradierten Werten bedeuten, dass sie vor seiner Einführung zurückschrecken. (2)

Unterschätztes Potenzial

Ein anderer, untergeordneter Punkt, der der Implementierung von Enterprise 2.0 noch im Wege steht, ist die Unkenntnis, was diese Technologie leisten kann. Führungskräfte, die Social-Media-Plattformen allein in der Form von Facebook, Twitter oder Co. kennen, unterschätzen das Potenzial von

Social-Business-Lösungen und tun sie daher oft allzu leicht als Spielerei ab. Es gilt daher Überzeugungsarbeit zu leisten, dass sich der Einsatz von Enterprise-2.0-Anwendungen tatsächlich lohnen kann - zum Beispiel für das Ideen-, Projekt- und mit Abstrichen auch für das Change-Management. (2), (5), (6), (7)

Die Grenzen von Enterprise 2.0

Gerade am Veränderungsmanagement werden aber auch die Grenzen von Enterprise 2.0 schnell offensichtlich. Keine Frage: Social-Business-Plattformen lassen sich auch erfolgreich für die Erklärung eines notwendigen Wandels einsetzen. Schließlich erlauben sie einen regen Gedankenaustausch und erleichtern die Kooperation bei der Erarbeitung von Lösungsvorschlägen. Um aber die Mitarbeiter im besten Falle mit Begeisterung ins Boot zu holen, ist mehr als die Kommunikation über eine virtuelle Plattform vonnöten. Was dann wirklich zählt, ist die persönliche Ansprache, das Gespräch unter vier Augen, der Kontakt von Mensch zu Mensch. (5), (6), (7)

Trends

The times they are a-changin'

Über kurz oder lang wird sich Enterprise 2.0 auch in etablierten Unternehmen mit eingefahrenen Kommunikationsstrukturen durchsetzen. Denn je mehr jüngere Mitarbeiter ins Berufsleben drängen, desto stärker werden sich auch Firmenkulturen wandeln müssen. Die so genannten Digital Natives, die es von Kindesbeinen an gewohnt sind, über Web-2.0-Applikationen offen zu kommunizieren, werden diese Möglichkeit auch im Job einfordern. - Zumal Forschungsergebnisse eindeutig belegen, dass die Schwarmintelligenz individueller Brainpower haushoch überlegen ist. - Für Führungskräfte alter Schule mag diese Entwicklung unangenehm sein, doch auch für sie gelten die harten Worte, die die amerikanische Songwriter-Ikone Bob Dylan schon vor mittlerweile fast einem halben Jahrhundert anderen Veränderungszauderern ins Stammbuch geschrieben hat: "You better start swimming or you'll sink like a stone - for the times they are a-changin'". (4)

Fallbeispiele

Volksbank in Bühl startet

Enterprise-2.0-Initiative

Die Volksbank in Bühl hat mit "Volksbank Bühl Connect" eine Enterprise-2.0-Initiative ins Leben gerufen und demonstriert, dass auch kleinere Unternehmen von internen Social-Media-Anwendungen profitieren können. Zwar setzen die Banker ihre neue Kommunikationsplattform gleich für eine ganze Reihe von Anwendungen ein, das innovative Ideen- und Projektmanagement sowie die sogenannten Preis(s)fragen des Chefs der Bank, Claus Preiss, stechen aber besonders hervor. Der CEO nutzt einen Microblog, der Beiträge von einer Länge von maximal 1 000 Zeichen erlaubt, um unter anderem seine tagesaktuelle Arbeit, aber auch strategische Entscheidungen vorzustellen. Wie bei anderen Social-Media-Netzwerken auch können die Leser des Blogs die Beiträge mit einem "Like-Button" bewerten. Bei den Mitarbeitern der Bühler Bank scheint diese Idee anzukommen. 80 Prozent der Bankangestellten haben den Blog abonniert.

Auch beim Ideen- und Projektmanagement geht die Bühler Bank neue Wege. Über ein spezielles Feld reichen innovative Banker ihre Verbesserungsvorschläge ein, die ihre Kollegen genauso wie bei den Preis(s)fragen ebenfalls mit einem "Like-Button" kommentieren können. Anregungen, die 25 Unterstützer finden, werden genauer auf Plausibilität und Machbarkeit überprüft. Auch diese Initiative hat Anklang gefunden. Die Zahl der Optimierungsvorschläge ist innerhalb des ersten Vierteljahres nach der Einführung von "Volksbank Bühl Connect" um sage und schreibe 400 Prozent gestiegen.

Für das Projektmanagement der Bank könnte sich "Volksbank Bühl Connect" ebenfalls als richtungsweisend erweisen. Mitarbeiter haben die Möglichkeit, sich über die interne Social-Media-Plattform direkt an der Lösung von Problemen zu beteiligen, die im Zusammenhang mit dem Projekt aufgetreten sind. (1)

Change Manager stehen Enterprise 2.0 kritisch gegenüber

Bei einer Befragung von 181 Führungskräften und Change Managern waren immerhin 65 Prozent der Interviewpartner überzeugt, dass Enterprise-2.0-Technologien beim Veränderungsmanagement eine wichtige Rolle spielen könnten. In der Praxis sah die Sache allerdings ganz anders aus. Nur 15 Prozent der Studienteilnehmer gaben an, dass sie diese Werkzeuge auch in ihrem Unternehmen einsetzen würden. Als wesentlichen Grund nannten sie eine mangelnde Vertrautheit mit der Technologie. Ein andere Untersuchung zum selben Thema fand heraus, dass sich gerade beim Change Management die persönliche Ansprache nicht durch Enterprise-2.0-Instrumente ersetzen lässt. Die Interviewpartner glaubten, dass sie nur von Mensch zu Mensch eine emotionale Beziehung aufbauen und die Mitarbeiter nur so für den Wandel begeistern könnten. Für diese Studie befragte Capgemini Consulting 152 Führungskräfte von kleinen und mittleren Unternehmen. (5), (6), (7)

Business Networks Europe führt Enterprise-2.0-Lösung Clearvale ein

Broad Vision, ein global agierendes Unternehmen, das auf die Entwicklung von Enterprise-2.0-Anwendungen spezialisiert ist, hat mit Business Networks Europe jetzt auch einen Kunden in Deutschland von den Vorteilen ihrer Social-Business-Software Clearvale überzeugt. Business Networks, ein Dienstleister für Geschäftsentwicklung, Vertrieb, Marketing und Technik, arbeitet fortan mit der cloudbasierten Applikation, die den Ideenaustausch zwischen seinen Mitarbeitern einfacher gestalten und dadurch ihre Produktivität steigern soll. Das Unternehmen erhofft sich von Clearvale unter anderem eine Reduktion des E-Mail-Verkehrs sowie weniger und kürzere Meetings. Es will mithilfe seiner neuen Social-Business-Software aber auch mit Kunden oder potenziellen Kunden in Kontakt treten, indem es diesen Zugang zu seinem Netzwerk oder zu bestimmten Bereichen darin ermöglicht. Business Networks Europe verzichtet daher auch auf eine Unternehmenswebsite. (8)

Weiterführende Literatur

(1) Zukunftslabor XII
aus BankInformation, Heft 12/2012, S. 56 - 57

(2) Social Media im Unternehmen – von der Schwierigkeit ‚2.0' zu sein
aus Information Management & Consulting, Heft Sonderausgabe Socialmedia/2012, S. 12-18

(3) Zu viel gespeichert, zu wenig genutzt
aus ChannelPartner.de, Meldung vom 13.11.2012

(4) Wenn die ganze Gruppe führt - Schwarmintelligenz ersetzt den Manager
aus GENIOS WirtschaftsWissen Nr. 02/2011 vom 20.02.2011

(5) Die Revolution hat längst begonnen
aus - Personalwirtschaft, Heft 12/2012, S. 44-46

(6) Change Management

aus CIO - IT-Strategie für Manager, Meldung vom 30.11.2012

(7) Change im Change?
aus OrganisationsEntwicklung Nr. 01 vom 18.01.2013 Seite 053

(8) BroadVision führt Clearvale in Deutschland ein
aus ddp direct Pressemitteilung vom 31.01.2013, 13:15:02

Impressum

Enterprise 2.0 - Viele Unternehmen haben noch Angst vor einem radikalen Wandel der Firmenkultur

Bibliografische Information der deutschen Nationalbibliothek

Die Deutsche Nationalbibliothek verzeichnet diese Publikation in der deutschen Nationalbibliografie; detaillierte bibliografische Daten sind im Internet über http://dnb.d-nb.de abrufbar.

ISBN: 978-3-7379-0397-4

© 2015 GBI-Genios Deutsche Wirtschaftsdatenbank GmbH, Freischützstraße 96, 81927 München, www.genios.de

Alle Rechte vorbehalten. Dieses Werk ist einschließlich aller seiner Teile – z.B. Texte, Tabellen und Grafiken - urheberrechtlich geschützt. Jede Verwertung außerhalb der Grenzen des Urheberrechtsgesetzes bedarf der vorherigen Zustimmung des Verlags. Dies gilt insbesondere auch für auszugsweise Nachdrucke, fotomechanische Vervielfältigungen (Fotokopie/Mikroskopie), Übersetzungen, Auswertungen durch Datenbanken oder ähnliche Einrichtungen und die Einspeicherung und Verarbeitung in elektronischen Systemen.